RÉPONSE

A UN ÉCRIT

INTITULÉ :

Observations au Conseil des Anciens, sur la Résolution relative au Remboursement en inscription, d'emprunts faits sur Rentes viagères.

RÉPONSE
A UN ÉCRIT INTITULÉ:

Observations au Conseil des Anciens, sur la Résolution relative au remboursement en inscription d'emprunt fait sur Rentes viagères.

Le but de cet écrit n'est pas de déterminer jusqu'à quel point une résolution que le Directoire exécutif a sollicitée par un message, que le Conseil des Cinq-Cents a cru devoir adopter à l'unanimité, peut être juste et politique, ni de réfuter les argumens qu'on a avancés pour la combattre ; la réponse se trouve dans le message même du Directoire et dans l'excellent rapport du citoyen Crassous.

C'est un procès sur lequel le Conseil des Anciens doit prononcer, il a toutes les pièces nécessaires pour le faire avec connoissance de cause, et n'a besoin pour cet effet que des lumières qui se trouvent dans son sein.

A

Nous n'aurions donc rien ajouté à ce qui a été dit sur ce sujet, si dans une mesure générale, on ne s'étoit point permis une attaque particulière, où l'on a substitué les personnalités aux principes, et les injures aux raisons.

De pareils moyens sont peu dangereux, sans doute, auprès du Conseil ; mais comme on y a joint en même-temps un exposé de faits tronqués qui pourroit abuser sur le fond même de la résolution, il est important pour les héritiers du citoyen Ducloz Dufresnoy, et pour leurs créanciers, de ne point le laisser sans réponse.

Législateurs,

Le citoyen Morin Dumarais (1), ci-devant chanoine de la cathédrale de Paris, se plaint dans l'écrit dont nous parlons, « que l'on » veut vous arracher un principe....... que » des débiteurs injustes veulent lui enlever

---

(1) Nous ignorons pourquoi le citoyen Dumarais, en désignant le citoyen Ducloz Dufresnoy par sa profession, de manière à ne pas s'y méprendre, a cru devoir garder l'anonyme.

» les fruits pénibles de ses longs travaux (1);
» il regarde enfin la fortune publique en dan-
» ger, si vous sanctionnez la résolution pro-
» posée par le Conseil des Cinq-Cents (2); »
cherchant à vous détourner de son véritable
but, il commence par représenter les malheu-
reux rentiers, grévés de dettes privilégiées sur
leurs rentes, comme des débiteurs mal inten-
tionnés et des spéculateurs avides, qui veulent accroître leur fortune aux dépens de
celle de leurs créanciers; il fait craindre que
la sanction de la résolution proposée ne donne
en quelque sorte lieu à l'émission d'une nou-
velle espèce de papier-monnoie.

Sans entrer dans aucune discussion sur ces
deux assertions qui tombent d'elles-mêmes,
nous nous contenterons d'observer d'abord, que
les rentiers remboursant avec les fonds sub-
sistans dans les coffres de l'état, (fonds qui
peuvent, pour l'instant, avoir une valeur
idéale autre que leur valeur primitive, mais
qui n'en ont jamais changé pour eux) ne
ne doivent être en aucune manière assimilés

---

(1) Voyez page dernière de l'écrit cité.
(2) Ibid.

aux spéculateurs sur les assignats ; en second lieu, que les remboursemens faits avec les inscriptions provenant de la dette non exigible, ne donneroient pas plus à celles-ci le caractère de papier monnoie, que ceux faits avec les inscriptions provenant de la dette exigible, ne l'ont donné à ces dernières.

Le citoyen Dumarais, passant ensuite aux exemples insérés dans le rapport fait par le citoyen Crassous au Conseil des Cinq Cents, de créances privilégiées sur des rentes, a grand soin d'écarter les véritables motifs qui l'ont déterminé, et oubliant que la base réelle de ce rapport est fondé sur l'entière parité qui existe entre les engagemens contractés par privilège sur des rentes viagères, et ceux dont le remboursement a été permis en inscription par les articles 66 de la loi du 24 août 1793, et 83 de celle du 21 frimaire dernier, il voudroit restraindre aux seuls engagemens absolument semblables à ceux cités par le citoyen Crassous, l'effet de la résolution prise par le Conseil des Cinq-Cents, comme si dans son rapport, ce Représentant avoit pu relater toutes les modifications que la volonté des contractans a pu faire subir à des actes de cette nature.

Il est vrai qu'en avouant en quelque sorte la justice du principe posé dans le rapport, relativement aux espèces qui y sont nominativement désignées, le citoyen Dumarais voudroit établir une disparité, et une exception en faveur d'un cas particulier cité dans ses observations, et dont il va être rendu compte, d'une manière plus fidèle qu'il n'a jugé à propos de le faire, afin de vous mettre à portée, citoyens Législateurs, de juger si cette disparité existe réellement.

Par acte passé le 4 mai 1786, Joseph Barthélemy Morin (1) a prêté à Ducloz Dufresnoy 96000 liv. pour employer en acquisition de rente sur l'état. Cette somme ne passe pas même par les mains de Ducloz Dufresnoy, elle est à l'instant versée dans celles du citoyen Villeminot, vendeur au profit du citoyen Ducloz Dufresnoy, de 100,000 liv. de rente viagère, moyennant 1,111,111 liv. 11 s. 11 d. Dans l'obligation souscrite au profit dudit Morin, il est dit que cette dernière somme de 1,111,111 liv. 11 s. 11 d. sera payée ainsi

---

(1) J. B. Morin, prêteur, a fait son légataire universel le citoyen Morin Dumarais, qui, à ce titre, est devenu créancier de Ducloz Dufresnoy.

qu'il suit, savoir : 315,111 liv. 11 s. 11 d. des deniers de l'acheteur ; 700,000 liv. de ceux par lui précédemment empruntés du citoyen Vandenyver, et 96,000 liv. restant des deniers dudit Morin : en outre, il est expressément stipulé que Ducloz Dufresnoy remboursera de ses deniers, et sans emprunt, les deniers empruntés de Vandenyver, afin d'accroître d'autant le privilège dudit Morin, et que faute par lui d'opérer ainsi ce remboursement, la somme de 96,000 liv. *deviendra à l'instant exigible*: de plus, le prêteur exige que les grosses des contrats soient déposées chez un notaire, et n'en puissent être retirées, qu'après le remboursement dudit Morin. Toutes ces conditions ont été fidèlement remplies.

Certes, le créancier qui imposoit à son débiteur la condition expresse de lui fournir pour un prêt de 96,000 liv. le gage énorme de plus de onze cent mille livres, qui vouloit que si à une époque prescrite ce gage n'étoit point fourni, les 96,000 liv. fussent à l'instant exigibles, s'il ne doit point être assimilé aux créanciers cités dans le rapport du citoyen Crassous, sera certainement mis dans une classe plus défavorable.

En vain citera-t-on la formule d'hypothèque

générale insérée dans l'acte souscrit au profit du citoyen Morin; formule insérée de même dans ceux cités par le citoyen Crassous, le privilège exigé étoit tellement essentiel, qu'à l'époque de l'engagement souscrit par Ducloz Dufresnoy, celui-ci ne possédoit aucun immeuble réel. Toute sa fortune étoit alors placée en rentes. C'étoit donc sur l'état, mais avec la faculté de pouvoir retirer les fonds, à une époque déterminée, que le citoyen Morin vouloit placer (1); et pour le faire, il n'avoit d'autre moyen que celui qu'il a employé. *Ducloz Dufresnoy lui a servi en quelque sorte de prête-nom.*

Tel est le véritable exposé de l'affaire sur laquelle le citoyen Morin a jugé à propos d'appeler l'attention particulière des Législateurs, il auroit pu du moins se dispenser de chercher à jeter un vernis défavorable sur la conduite de ses débiteurs vis-à-vis de lui, et

---

(1) Tel a été généralement le but de tous les prêteurs; placer sur l'état, mais avec faculté de retirer leurs fonds à une époque déterminée : tous ont employé pour y parvenir le même moyen, mais ils l'ont modifié diversement.

ne pas les mettre dans le cas de l'exposer aux yeux du public.

Ils auroient pu le rembourser en assignats et en mandats, et ne l'ont point fait. Avant et après les loix sur les transactions, ils lui ont fait par eux-mêmes et par des intermédiaires la proposition de solder sa créance, soit avec des objets immobiliers dépendans de la succession, estimés d'après le cours au moment du prêt, soit avec 75,000 liv. d'argent comptant, soit en leur donnant un temps un peu long. Aucune de ces propositions ne lui a convenu. Il veut ses fonds, il les veut à l'instant. Poursuites judiciaires, oppositions, rien n'est oublié. Quoiqu'opulent, il verroit avec indifférence la succession Ducloz Dufresnoy se fondre presqu'en totalité pour le payer ; vingt autres créanciers, la plupart pères de familles, et qui avoient placés chez le citoyen Dufresnoy, (certains que son privilège excédoit de beaucoup la somme qui lui étoit dûe) perdre la totalité de leurs fonds, ou être privés avant leur décès de rentes viagères qui devoient faire le soutien de leur existence. Presque tous cependant, même des créanciers antérieurs en hypothèque au citoyen Morin Dumarais, ou des privilégiés sur des immeubles, ont cru devoir dans ces circonstances difficiles prendre des arrangemens, faire des sacrifices à l'intérêt commun; lui seul n'en a voulu faire aucun.

Vous êtes maintenant à portée, citoyens Législateurs, de juger des moyens employés par le citoyen Morin Dumarais pour combattre la résolution, et vous connoissez les motifs qui ont guidé sa plume.

De l'Imprimerie de Du Pont, rue de l'Oratoire.

www.ingramcontent.com/pod-product-compliance
Lightning Source LLC
Chambersburg PA
CBHW061627040426
42450CB00010B/2713